顾问委员会

主　任：韩启德

委　员：刘嘉麒 周忠和 王志庚 梁　红 刘　丽

编委会

主　任：徐延豪

副主任：张　藜 郭　哲 任福君

委　员：（按姓氏笔画排序）

田如森 吕春朝 吕瑞花 刘　晓 孙玉虎

李玉海 李清霞 杨志宏 杨利伟 辛业芸

张佳静 罗兴波 周大亚 孟令耘 姜玉平

袁　海 高文静 韩家懋 黎润红

致谢

感谢李玉海先生（竺可桢秘书）为本书审稿，感谢竺可桢故居为本书提供大量参考资料。

“共和国脊梁”科学家绘本丛书

为大自然写日记

竺可桢的故事

张藜　任福君　主编

唐子涵　著　于春华　绘

北京出版集团

北京出版社

前 言

回首近代的中国，积贫积弱，战火不断，民生凋敝。今天的中国，繁荣昌盛，国泰民安，欣欣向荣。当我们在享受如今的太平盛世时，不应忘记那些曾为祖国奉献了毕生心血的中国科学家。他们对民族复兴的使命担当、对科技创新的执着追求，标刻了民族精神的时代高度，书写了科学精神的永恒意义。他们爱国报国、敬业奉献、无私无畏、追求真理、不怕失败，为祖国科学事业的繁荣昌盛，默默地、无私地奉献着，是当之无愧的共和国脊梁，应被我们铭记。

孩子是祖国的未来，更是新时代的接班人。今天，我们更应为孩子们多树立优秀榜样，中国科学家就是其中之一。向孩子们讲述中国科学家的故事，弘扬其百折不挠、勇于创新的精神，是我们打造“‘共和国脊梁’科学家绘本丛书”的初衷，也是对中国科学家的致敬。

丛书依托于“老科学家学术成长资料采集工程”（以下简称“采集工程”）。这项规模宏大的工程启动于 2010 年，由中国科协联合中组部、教育部、科技部、工信部、财政部、原文化部、中国科学院、中国工程院等 11 个单位实施，目前已采集了 500 多位中国科学家的学术成长资料，积累了一大批实物和研究成果，被誉为“共和国科技史的活档案”。“采集工程”在社会上产生了广泛影响，但成果受众多为中学生及成人。

为了丰富“采集工程”成果的展现形式，并为年龄更小的孩子们提供优质的精神食粮，“采集工程”学术团队与北京出版集团共同策划了本套丛书。丛书由多位中国科学院院士、科学家家属、科学史研究者、绘本研究者等组成顾问委员会、编委会和审稿专家团队，共同为图书质量把关。丛书主要由“采集工程”学术团队的学者担任文字作者，并由新锐青年插画师绘图。2017 年 9 月启动“‘共和国脊梁’科学家绘本丛书”创作工程，精心打磨，倾注了多方人员的大量心血。

丛书通过绘本这种生动有趣的形式，向孩子们展示中国科学家的风采。根据“采集工程”积累的大量资料，如照片、手稿、音视频、研究报告等，我们在尊重科学史实的基础上，用简单易懂的文字、精美的绘画，讲述中国科学家的探索故事。每一本都有其特色，极具原创性。

丛书出版后，获得科学家家属、科学史研究者、绘本研究者等专业人士的高度认可，得到社会各界的高度好评，并获得多个奖项。

丛书选取了不同领域的多位中国科学家。他们是中国科学家的典型代表，对中国现代科学发展贡献巨大，他们的故事应当广泛流传。

“‘共和国脊梁’科学家绘本丛书”的出版对“采集工程”而言，是一次大胆而有益的尝试。如何用更好的方式讲述中国科学家故事、弘扬科学家精神，是我们一直在思考的问题。希望孩子们能从书中汲取些许养分，也希望家长、老师们能多向孩子们讲述科学家故事，传递科学家精神。

“‘共和国脊梁’科学家绘本丛书”编委会

致读者朋友

亲爱的读者朋友，很高兴你能翻开这套讲述中国科学家故事的绘本丛书。这些科学家为中国科学事业的繁荣昌盛做出了巨大贡献，是我们所有人的榜样，更是我们人生的指路明灯。

讲述科学家的故事并不容易，尤其是涉及专业词汇，这会使故事读起来有一些难度。在阅读过程中，我们有以下3点建议希望能为你提供帮助：

1.为了让阅读过程更顺畅，我们对一些比较难懂的词汇进行了说明，可以按照注释序号翻至“词汇园地”查看。如果有些词汇仍然不好理解，小朋友可以向大朋友请教。

2.在正文后附有科学家小传和年谱，以帮助你更好地认识每一位科学家，了解其个人经历与科学贡献，还可以把它们当作线索，进一步查找更多相关资料。

3.每本书的封底附有两个二维码。一个二维码是绘本的音频故事，扫码即可收听有声故事；另一个二维码是中国科学家博物馆的链接。中国科学家博物馆是专门以科学家为主题的博物馆，收藏着大量中国科学家的相关资料，希望这些丰富的资料能拓宽你的视野，让你感受到中国科学家的风采。

春天的北海公园，
每天都会迎来一位面容清瘦、神采奕奕的老人。
他沿着北海岸边仔细观察，并依次在日记中写下：
“3 月 12 日，北海冰融。”
“3 月 29 日，山桃始花。”
“4 月 4 日，杏树始花。”
“4 月 20 日，燕始见。”
“5 月 1 日，柳絮飞。”
……

年复一年，老人用这样的方式给大自然写日记，
让更多的人听到了大自然的语言，
懂得鸟语花香、草长莺飞与气候①的关系。
这位老人就是竺可桢。

1890年，竺可桢出生在南方一个小镇上。
他从小就喜欢观察和思考身边的一切事物。
有一次，他正聚精会神地蹲在门边，
数着从房檐上滴下的雨滴，
他突然发现门前的石板上有一排小坑，
雨滴正好落在这些小坑里。
他很好奇："这些坑会不会是雨水滴成的呀？"

他跑去问父亲。

父亲说："这就叫'水滴石穿'②，

一滴水没有什么厉害的，

但坚持下去就能把石板滴出坑来。"

虽然听不太懂父亲说的道理，

但"水滴石穿"的故事却在竺可桢的心底扎了根。

每年清明节、农历七月十五和腊月，
竺可桢都要跟家人回老家祭祖，
他发现，同一个地方的景物在不同的时间看起来会不一样。
他问哥哥：“为什么春天听不见蝉叫，夏天蝉却叫得这么欢呢？
为什么夏天开花的是槐树，春天开花的却是桃树呢？”

最有学问的大哥告诉他：“这是节气[3]的缘故，一年有24个节气，无论是播种收割，还是开花结果，都跟节气有关系。”

大哥的话让小竺可桢对变化无穷的大自然充满了好奇，他开始观察大自然、记录大自然。

一年、两年、三年……在记录中，竺可桢长大了。
当时的中国处在清朝末年，处处被外国列强欺侮，
竺可桢所在的学堂也有这样的现象。
学堂的老师都是英国人，
他们从来不叫中国学生的名字，而只叫编号。
竺可桢是 127 号，每次被叫“127 号”时，
他都感觉自己像一头愤怒的狮子，
想立刻扑上去，警告对方：请尊重中国人！

但竺可桢知道，
只有中国强大了，
中国人才不会被欺负。
所以，从那时起，
他便坚定了“科学救国”的想法。
从上学之日起便一直勤奋刻苦的竺可桢，
变得更加努力了。
他还坚持锻炼身体，
为长大后报效国家做准备。

中学毕业后，竺可桢考取了公费留美生，去到美国留学，希望把西方的现代科学带回中国。

他忘不了家乡那辽阔的田园和辛苦劳作的农民，在从小到大的观察中，他发现在那个年代，气候和天气④变化决定着农民的收成情况，所以他选择了气象学⑤专业。

“如果可以知道气候和天气的变化规律，农民也许就能躲开大自然的灾害了。”他这样想。

在美国学习的时候，
有两件事是竺可桢每天在课余时间必须做的。
第一件事是写气象日记，
记下当天的温度、风向等跟气象研究有关的资料。
为此，他还随身带着一支钢笔式的温度计。

第二件事是去图书馆查资料，做中国的气候研究。
竺可桢的毕业论文都是对中国气象学的开创性研究，
但他所依据的资料都取自国外刊物。
中国是世界上最早测量雨量的国家，
但在那个年代，不管是风暴预报还是雨量情况，
都只能依靠外国设立在中国的气象台提供。
“一定要拿回我们自己的气象主权！”竺可桢默默许下心愿。

带着这个心愿，
1918 年，获得博士学位后的竺可桢回到了祖国。
竺可桢成了一名大学老师，
他要带领更多的人一起“科学救国”。
学生们最喜欢竺可桢在操场上举办的露天学术研讨会了。
满天星光下，竺可桢指着天上耀眼的星座，
从历史典故讲到航海和农业生产。
师生们不时发出阵阵笑声，直到深夜大家还不愿散去。

竺可桢讲授的现代气象学、地理学，深受学生的欢迎。
在他的教导下，中国拥有了第一批气象学专家。
而教书的同时，他也始终坚持科学研究。
他创立了一种气候研究的新方法——
利用古书中的物候⑥记载研究中国历史上的气候变化，
古书中关于洪水、干旱、地震、日食⑦、彗星等的记载，都是他宝贵的资料。

后来，竺可桢把对古代资料的搜集和研究，
还有他自己的观测和记录，
都写进了论文和书里，
帮助人们了解过去、预测未来。

为了能更好地实现“科学救国”，
提高人们的科学素养，
竺可桢从留学时期直到晚年，
始终坚持写科普文章向更多的人传播科学知识。
他告诉人们，想预防旱涝灾害，
应该保护森林、种植草木、设立气象台；
他告诉人们，云是如何形成的，雨又是怎么回事；
他还说，沙漠会吞没我们的家园……
即便在最忙碌的时候，他也没有停过笔。

1928 年，竺可桢成了全国第一家气象研究所的所长，
负责建立气象观测站。
在竺可桢的辛苦操劳下，
北极阁气象台很快便顺利建成并投入使用了。
从地面气象观测⑧，到高空气象观测⑨，
再到天气预报、地震记录，
多项观测工作陆续顺利展开。
1930 年的元旦，气象研究所绘制出了东亚天气图，
并发布了天气预报及台风预警，
正式收回了我国气象预报的主权。
竺可桢的心愿终于实现啦！

竺可桢并没有停下脚步，
他还有更大的心愿：要以气象研究所为起点，
把气象事业推向全国各地。
他提出要在全国设立气象测候[10]站，形成全国气象台站网。
从西藏拉萨，到四川峨眉山，再到山东泰山，每一处的条件都很艰苦。
在西藏语言交流不方便，去四川的路很难走，
但不管怎样，竺可桢和气象研究所都没有中断这项工作。
十几年后，中国有了几十个气象测候站。

后来，竺可桢又开始考察自然环境，
带着相机、罗盘[11]、气温表和高度表[12]这4件宝贝，
竺可桢去过海南岛、黑龙江、新疆、云南……
他不顾年迈体衰，风餐露宿，
认真记录着每一处的自然情况，
写了一篇又一篇考察报告，
留下了大量宝贵的资料。

竺可桢随时都在记录他眼中的大自然。
他常常在上班、下班的途中，
不顾刮风下雨、酷暑严寒，绕道北海公园，
仔细观察公园里的景物变化，并在日记中记下来。
后来，由于身体的原因，他不再方便外出，
就每天在自己家院子里观察植物的变化和候鸟的迁移，
继续着一个科学家的工作。

1974 年 2 月的一天，

84 岁的竺可桢写下了人生中最后一页日记，

那天的天气是晴转多云。

这位为大自然写了一辈子日记的老人，要休息了。

他用自己的坚持创造了水滴石穿的结果——

如今，中国气象学与气候学早已硕果累累，

竺可桢的“求是”精神也鼓舞着一代又一代科学家继续前行。

物候学

竺可桢小传

1890 年，竺可桢出生于浙江绍兴东关镇一户米粮商人家里，他是家里最小的孩子。父亲识字不多，但很希望孩子们能多念书，所以在竺可桢很小的时候，父亲就带着他在街上认读沿街店铺招牌上的字。

在家里开办的米行里，竺可桢见识了各种各样的人。他看到农民一年到头辛苦劳作却依然过着很贫穷的生活，尤其是遇上旱灾涝灾时，甚至可能颗粒无收。这些都在他幼小的心里留下了深刻的印象，并进一步影响了他后来对学业的选择。

1910 年，竺可桢远渡重洋，留学美国。他最初选择的专业是农学，因为中国是农业大国，以农立国，他希望能通过农学知识让农民过上富裕的生活。通过学习和考察，竺可桢发现中国在农业方面的情况与美国有很大区别，他学的东西并不能照搬到中国来。在大学毕业后，他来到哈佛大学，选择了跟农学密切相关的气象学继续深造。在哈佛大学，竺可桢学习了气象、气候、地质、地理、自然科学史等课程，获得了硕士与博士学位。

1918 年，竺可桢回到了阔别 8 年的祖国。看到祖国满目疮痍、民不聊生，他更坚定了“科学救国”的决心。他先后进入武昌高等师范学校（现武汉大学）、南京高等师范学校、东南大学（现南京大学与东南大学）教授地理学和气象学。1928 年，竺可桢担任中央研究院气象研究所所长。1936 年，他开始担任浙江大学校长。抗日战争期间，他带领浙大 4 次迁移，为浙大的生存和发展做出了巨大贡献，深受师生们爱戴，被大家亲切地称为“浙大保姆”。在竺可桢的领导下，浙江大学从一个普通的地方大学跃居为全国一流的大学。如今，浙大还有以他的名字命名的“竺可桢学院”，以此来纪念这位老校长。

新中国成立后，竺可桢担任中国科学院副院长。在建院初期，他在建立研究机构、确立研究方向、组织科研队伍等方面做了大量工作，发挥了关键性作用。他还组织了全国自然资源综合考察工作，参加有关自然资源、水土保持、沙漠治理、南水北调、农业区划等领域的野外考察，撰写出具有真知灼见的考察报告，提出了许多具有学术价值与实践意义的观点与指导意见。

即便承担了大量繁重的行政管理工作，竺可桢仍一直坚持科学研究。作为我国历史气候学、近代地理学和现代气象科学、物候学的奠基人，竺可桢一生著作丰富。他的全部著述收集于《竺可桢全集》，多达 24 卷近 2000 万字。他的《物候学》和《中国近五千年来气候变迁的初步研究》更是受到了广泛赞誉。竺可桢还特别喜欢摄影，留下了数以千计的珍贵照片，其中包括大量野外考察照片，具有极高的史料价值。

最令人感动的是，竺可桢在上大学期间就养成了记日记的习惯，这个习惯一直坚持到了他的晚年。虽然早年日记未能保存下来，但从 1936 年开始的这些日记为我国现代史研究提供了珍贵的史料，成为了科学研究的珍宝。

在担任浙江大学校长后，竺可桢将“求是”立为浙大的校训。“求是”精神贯串了竺可桢的一生，他脚踏实地做研究，从不弄虚作假。如今，中国的科技日益发达，气象科学更是生机勃勃，这些都是以竺可桢为代表的科学家们不停秉持“求是”精神，刻苦钻研、不懈奋斗换来的。

竺可桢年谱

1
1890 年
出生于浙江绍兴东关镇。

2
1905 年（15 岁）
小学毕业，当年秋季进入上海澄衷学校。

3
1908 年（18 岁）
进入复旦公学学习。

4
1909 年（19 岁）
考入唐山路矿学堂，学习土木工程专业。

5
1910 年（20 岁）
考取第二批庚款公费留美生，就读于伊利诺伊大学农学院。

6
1913 年（23 岁）
从伊利诺伊大学毕业，入哈佛大学攻读气象学专业。

7
1915 年（25 岁）
成为中国科学社[13]最早一批会员，积极参与各项活动；该年获得硕士学位。

8
1915—1918 年（25 ~ 28 岁）
在哈佛大学继续深造。1917 年成为美国地理学会会员，同年获伊麦荪奖学金。

9
1918 年（28 岁）
获得气象学博士学位，同年秋回国，在武昌高等师范学校教授地理学和气象学。

10
1921 年（31 岁）
在东南大学创办了中国大学中第一个地学系，为中国现代地理学和气象学培养了一批专业人才。

11
1927 年（37 岁）
当选为中国科学社第四任社长。

12
1928 年（38 岁）
任中央研究院气象研究所所长，领导该所的建立。

13
1928—1936 年（38 ~ 46 岁）
创建北极阁气象台的地面和高空气象观测、天气预报和气象广播等业务，推动全国气象台站建设，培训气象人才，带头开拓气象研究；发表了多篇中国现代气象学、地理学的奠基之作。

14
1936—1949 年
（46 ~ 59 岁）

担任浙江大学校长，并带领浙江大学从一个地方性大学发展成全国一流大学。

15
1948 年
（58 岁）

当选为中央研究院院士。

16
1949 年
（59 岁）

担任中国科学院副院长。

17
1950 年
（60 岁）

当选为中华全国自然科学专门学会联合会全国委员会委员、中华全国科学技术普及协会副主席。

18
1953 年
（63 岁）

指导开展冬小麦的物候观测工作，继而又进行了棉花、水稻的物候观测。

19
1955 年
（65 岁）

当选为中国科学院学部委员，兼任生物学地学部主任。

20
1957 年
（67 岁）

开始把农作物物候的观测工作推向全国。

21
1961 年
（71 岁）

指导建立了全国物候观测网。

22
1963 年
（73 岁）

竺可桢联合其他科学界代表呼吁开展自然保护工作；同年，《物候学》出版。

23
1964 年
（74 岁）

发表《论我国气候的特点及其与粮食生产的关系》，分析了光、温度、降雨对粮食的影响，提出了许多发展农业生产的有用设想。

24
1967 年
（77 岁）

被载入英国编印的《国际名人录》。

25
1972 年
（82 岁）

《中国近五千年来气候变迁的初步研究》发表，好评如潮，被译成多种文字。

26
1974 年
（84 岁）

因病在北京逝世。

词汇园地

① **气候：**一定地区里经过多年观察所得到的概括性的气象情况。

② **水滴石穿：**水一直向下滴，时间长了能把石头滴穿。比喻力量虽小，只要坚持不懈，事情就能成功。

③ **节气：**指二十四个时节，分为立春、雨水、惊蛰等，是中国古人们用来指导农事的补充历法。2016 年 11 月 30 日，中国“二十四节气”被列入联合国教科文组织《人类非物质文化遗产代表作名录》。

④ **天气：**指一定区域一定时间内大气中发生的各种气象变化，如温度、湿度、气压、降水、风、云等的情况。

⑤ **气象学：**研究天气现象和变化规律等的学科。20 世纪 60 年代发展为大气科学。

⑥ **物候：**生物的周期性现象（如植物的发芽、开花、结实，候鸟的迁徙，某些动物的冬眠等）与季节气候的关系。也指自然界非生物变化（如初霜、解冻等）与季节气候的关系。

⑦ **日食：**月球运行到地球和太阳的中间时，太阳光被月球挡住，不能射到地球上来，这种现象叫日食。

⑧ **地面气象观测：**指在各种地面观测平台上，用仪器及视力对气象要素和天气现象进行测量与观察的方法和技术。

⑨ **高空气象观测：**借助仪器对自由大气中各高度的气象状况进行观察和测定，观测项目有空气温度、湿度、气压和风等。

⑩ **测候：**观测天文与气象。

⑪ **罗盘：**测定方向的仪器，由有方位刻度的圆盘和装在中间的指南针构成。

⑫ **高度表：**一种用来测量海拔高度的仪器。

⑬ **中国科学社：**中国最早的现代科学学术团体，也是近代中国历史上第一个民间综合性科学团体，由一群中国留学生于 1915 年在美国康奈尔大学创办，1918 年迁回国内。

参考资料：

1. 李玉海 . 竺可桢年谱简编 . 北京：气象出版社，2010.

2. 竺可桢 . 竺可桢全集 . 上海：上海科技教育出版社，2013.

图书在版编目（CIP）数据

为大自然写日记 ：竺可桢的故事 / 张藜，任福君主编 ；唐子涵著 ；于春华绘. — 北京 ：北京出版社，2023.3（2025.9 重印）
（“共和国脊梁”科学家绘本丛书）
ISBN 978-7-200-15436-8

Ⅰ. ①为… Ⅱ. ①张… ②任… ③唐… ④于… Ⅲ. ①竺可桢（1890-1974）—传记—少儿读物 Ⅳ. ①K826.14-49

中国版本图书馆CIP数据核字(2020)第010515号

选题策划　李清霞　袁　海
项目负责　刘　迁
责任编辑　李文珂
装帧设计　张　薇　耿　雯
责任印制　刘文豪
封面设计　黄明科
宣传营销　郑　龙　王　岩　安天训　孙一博
　　　　　郭　慧　马婷婷　胡　俊

“共和国脊梁”科学家绘本丛书
为大自然写日记
竺可桢的故事
WEI DAZIRAN XIE RIJI

张　藜　任福君　主编
唐子涵　著　于春华　绘

出　　版：北京出版集团
　　　　　北 京 出 版 社
地　　址：北京北三环中路6号
邮　　编：100120
网　　址：www.bph.com.cn
总 发 行：北京出版集团
经　　销：新华书店
印　　刷：北京博海升彩色印刷有限公司
版 印 次：2023年3月第1版　2025年9月第7次印刷
成品尺寸：215毫米×280毫米
印　　张：2.5
字　　数：30千字
书　　号：ISBN 978-7-200-15436-8
定　　价：25.00元

如有印装质量问题，由本社负责调换
质量监督电话：010-58572393
责任编辑电话：010-58572417
团 购 热 线：17701385675
　　　　　　 18610320208

声明：为了较为真实地展现科学家生活的时代特征，部分页面有繁体字，特此说明。